T'AS PAS
D'THUNES

T'AS PAS
D'TEMPS

T'AS PAS
D'FOUR

WILLIAM SEVEN

T'AS PAS D'THUNES T'AS PAS D'TEMPS T'AS PAS D'FOUR

Ce livre est fait pour toi !

LAROUSSE

T'AS PAS DE THUNE, T'AS PAS DE TEMPS. T'AS PAS DE FOUR ?
IL N'Y A PAS SI LONGTEMPS, MOI NON PLUS !

Je m'appelle William Seven, 26 ans, strasbourgeois fraîchement relocalisé à Paris. En 2022, j'ai lancé mon compte TikTok pour partager des recettes, mais peu de gens savent que ça a commencé pendant une période bien galère.

En 2019, après trois ans de prépa, j'intègre une Grande École à Nantes, avec un prêt étudiant pour financer ce rêve. Au début, ça passe, mais en 2022, c'est la cata : le prêt est épuisé, il me reste des frais d'école à payer et ma carte se fait régulièrement bloquer. Bref, on va pas se mentir : certains soirs, je ne pouvais pas manger...

Je dois renoncer à mon échange universitaire à Lisbonne et retourne chez mes parents pour boucler mon semestre. Avec un boulot étudiant et un peu de temps libre, je lance mon compte TikTok où je partage mes recettes, d'abord pour amuser les potes. Mais à force de partager, je me prends au jeu.

Je dois dire que j'ai eu la chance de grandir entre la culture mauricienne de mon père et alsacienne de ma mère, qui partagent un truc : cuisiner, et bien cuisiner, même avec peu. C'est ce qui m'a souvent sauvé les soirs où mon budget était serré.

Quelques mois plus tard, je décroche un stage à Paris et, fatalement, je poste moins. Un jour, mon amie Lyna passe me voir et me dit : « Elles sont top tes recettes ! Bon, j'en ai jamais refait une seule parce que j'ai pas de four dans mon appart étudiant... mais c'est top, hein ! »

Wow, super les potes ! Je lui réponds : « Demain, je vais exprès faire une recette sans four, comme ça t'auras plus d'excuses. » Promesse tenue, le lendemain, je poste la première vidéo de la série « cheap, rapide et sans four »... *And the rest is history* apparemment, parce que me voilà, 2 ans plus tard, à sortir mon livre dédié à cette série. C'est complètement zinzin...

Le plus gratifiant, c'est de voir que je peux rendre la cuisine accessible à ceux qui, comme moi, n'ont pas un gros budget. Rien que pour ça, ça valait le coup ! Je remercie mon audience, sans qui ce projet de livre aurait été impensable.

Le travail continue : j'ai hâte de partager de nouvelles recettes, astuces et même des essais un peu foireux. Si ça peut aider une personne de plus, c'est génial. Et comme je passe ma vie en cuisine, c'est pas près de s'arrêter.

Merci encore pour tout, on est ensemble !

WILLIAM

P.S. : Lyna n'a toujours pas refait une de mes recettes... mais on lui pardonne.

Sommaire

ON PASSE AU PLAT

DESSERTS TOO MUCH

Mon arsenal de base

Avoir quelques basiques sous la main, c'est le secret pour des repas rapides et savoureux, sans avoir besoin de faire les courses tous les deux jours. Voici mes indispensables pour survivre aux fins de mois et aux soirs où l'envie de cuisiner est proche de zéro.

Paquet de riz

Simple, efficace et polyvalent, le riz, c'est le meilleur ami des dîners improvisés. Tu peux l'associer à pratiquement tout : un curry rapide, un wok de légumes ou juste quelques épices et une sauce. Le riz, c'est la base des bases, et tu n'es jamais à plus de 15 min d'un repas complet.

Conserves de légumineuses

Lentilles, pois chiches, haricots rouges… Les légumineuses en conserve sont là pour sauver tes repas ET ta dose de protéines. Direct prêtes à l'emploi, elles se glissent dans une salade, un chili, un curry… ou même dans un wrap, pour un déjeuner express et nourrissant. Et si t'as pas de viande sous la main ? Elles font le job sans souci.

Conserves de légumes

Avoir des conserves de tomates, de haricots verts ou de petits pois dans le placard, c'est la solution pour donner un peu de couleur et de saveur à tes plats. Pratiques pour des sauces, des soupes ou même une chakchouka improvisée. Ces légumes sont souvent prêts à être balancés dans une poêle pour rajouter un peu de vert dans ton assiette.

Oignons et ail frais

S'il y a bien deux ingrédients qui transforment un plat, ce sont l'oignon et l'ail. Ces petits-là ajoutent une touche de saveur magique à pratiquement tout. Dans une poêle avec un peu d'huile, ils font démarrer un plat en beauté. Et bonus : ils se conservent bien, donc pas de stress si tu les oublies un moment.

Œufs

Les œufs, c'est la solution d'urgence ultime : omelette, œuf au plat, œuf brouillé ou même dans une soupe ou des nouilles instantanées pour un petit coup de protéine. Hyper polyvalents, les œufs sauvent tes repas quand t'as pas envie de te casser la tête et qu'il faut du rapide et nourrissant.

Flocons de purée

On les sous-estime un peu, mais les flocons de purée c'est pratique de ouf ! En quelques minutes, t'as une purée bien crémeuse sans éplucher ni cuire de pommes de terre. Mais ça sert pas que pour la purée ! Ça marche même pour épaissir une soupe ou ajouter un peu de texture à un plat, ou tu peux aussi les détourner pour faire des croquettes de pomme de terre par exemple. Et quand c'est la fin du mois, ça reste un accompagnement qui fait le taf.

Sauce soja

La sauce soja, c'est LA touche secrète pour ajouter un coup de peps à tes plats. Avec elle, tu relèves des sautés, marines des légumes ou des protéines, et tu donnes une note umami même à tes plats les plus simples. Une petite touche, et hop, tout devient meilleur (et pas besoin de sel supplémentaire).

Voilà, avec ces sept basiques, tu as de quoi improviser des repas variés et plein de saveurs, sans trop d'efforts. Pas besoin de frigo bien garni ni de produits introuvables, juste des indispensables pour t'assurer de toujours pouvoir préparer un bon petit plat !

Top tips pour manger moins cher

Bon, tu l'auras compris, ici on aime manger mais on n'aime pas trop dépenser. Et bien manger sans vider son porte-monnaie, c'est carrément possible. Que ce soit en faisant ses courses ou en cuisinant, il existe plein d'astuces pour dépenser moins tout en se régalant. Voici mes cinq meilleures astuces pour manger moins cher!

1 Aller vers l'anti-gaspi

On n'y pense pas toujours, mais l'anti-gaspi est une mine d'or pour dénicher des bons produits à bas prix. Dans les supermarchés, repère les fameux «bacs anti-gaspi» où les fruits, légumes et produits à DLC (date limite de consommation) courte sont vendus à petits prix. En plus, c'est bon pour la planète!

Sinon, on ne les présente plus mais les applis comme Too Good To Go ou Phenix permettent de récupérer des invendus à prix cassés dans les boulangeries, supermarchés et autres commerces. Bon, tu prends un peu ce qui vient, mais niveau rapport qualité-prix, c'est imbattable!

2 Privilégier le batch cooking

Le batch cooking, c'est LE hack pour économiser du temps et de l'argent. En cuisinant à l'avance, fini les galères de dernières minutes et les commandes trop chères.

Quelques idées de recettes? Pense aux lasagnes, aux currys de légumes, aux quiches variées ou encore aux soupes de saison: tout ça se prépare facilement en grandes quantités, se conserve bien et se réchauffe en un clin d'œil. Plus besoin de te demander «Qu'est-ce qu'on mange ce soir?» et ton porte-monnaie s'en portera bien mieux.

3 Acheter en vrac

Flemme de payer plus cher juste parce que c'est emballé dans du plastique… Le vrac, c'est la solution! Céréales, pâtes, riz, légumineuses… Les produits secs se conservent longtemps et, en les achetant en vrac, tu prends juste la quantité dont tu as besoin. Ça évite le gaspillage et c'est souvent moins cher au kilo.

En bonus, avec un peu d'organisation, tu peux réutiliser de jolis bocaux pour tout stocker chez toi. Résultat: des économies et une cuisine Instagram-friendly!

4 Cuisiner des protéines végétales

Les protéines, c'est important, mais le poulet, la viande ou le poisson, ça coûte vite cher. Alors pourquoi ne pas varier les sources et tester les protéines végétales? Lentilles, pois chiches, haricots rouges et tofu sont de super alternatives, pleines de protéines et bien moins chères que la viande.

Tu peux essayer de préparer un chili sin carne, un curry de pois chiches ou encore une salade de lentilles. Bon pour la santé, pour le budget et même pour la planète. Que demande le peuple?

5 Cuisiner avec les saisons

Dernière astuce mais pas des moindres: acheter des produits de saison! Non seulement ils sont plus savoureux, mais ils coûtent moins cher que ceux importés de l'autre bout du monde. Fini les tomates en hiver, place aux carottes, aux choux et aux courges!

Les marchés sont souvent un bon plan pour les fruits et légumes locaux, surtout en fin de marché, quand les vendeurs bradent leurs derniers produits. Avec un peu de créativité, tu peux transformer des légumes de saison en plein de bons petits plats sans te ruiner.

Avec ces cinq astuces, bien manger sans exploser ton budget, c'est largement faisable! Au final, cuisiner malin, c'est le cheat code ultime pour économiser tout en te faisant plaisir. Alors, fonce en cuisine et régale-toi!

5 ustensiles ou appareils à avoir dans sa cuisine

Tu galères en cuisine ? Ces petits appareils et ustensiles abordables vont t'aider à gagner du temps et à te simplifier la vie ! À ajouter direct à ta wishlist cuisine.

1 Mixeur plongeant

Le mixeur plongeant, c'est un peu la baguette magique de la cuisine. Moi je l'utilise pour les soupes, les sauces ou encore les dips, c'est grave pratique et ça coûte pas très cher (tu peux en trouver à partir de 10 € !). Hop là, tu plonges, tu mixes et le tour est joué. Ça prend pas une tonne de place, et surtout, c'est facile à nettoyer. Le petit plus qui change tout !

2 Découpe-légume multifonction

Je sais que ce qui rebute souvent en cuisine c'est de devoir découper les aliments, donc si tu fais partie de cette team, n'hésite pas à investir dans un petit découpe-légume multifonction. En quelques pressions, tes légumes sont prêts, en dés, en tranches ou même en julienne, sans effort et sans pleurs d'oignons. Un allié incontournable pour les recettes en un clin d'œil.

3 Presse-ail

Petit mais redoutable, le presse-ail te permet de gagner du temps et d'éviter les doigts qui sentent l'ail pendant trois jours. En deux secondes, ton ail est prêt à l'emploi, directement dans ta poêle ou ta marinade. Bonus : il est facile à nettoyer et passe même au lave-vaisselle !

4 Balance de cuisine digitale

Alors je sais, je suis le premier à faire mes recettes à l'œil, mais j'ai quand même toujours ma petite balance de cuisine pas loin au cas où ! Avec une balance de cuisine digitale, tu mesures précisément chaque ingrédient, que ce soit pour une pâtisserie millimétrée ou pour gérer tes portions. Elle prend zéro place dans le tiroir et te donne la confiance pour réussir tes plats les yeux fermés.

5 Mandoline de cuisine

Si tu veux des tranches parfaites en un rien de temps, la mandoline est ton meilleur allié. Tomates, pommes de terre, concombre, courgettes… tout y passe ! Tu règles l'épaisseur, tu fais glisser et voilà des tranches dignes d'un chef, sans tracas. Elle te fait gagner un temps fou et t'aide à épater la galerie avec des découpes de pro. Attention aux doigts, quand même !

Avec ces cinq petits appareils et ustensiles, tu gagnes en efficacité et en précision, sans te ruiner. Ça te permet d'enlever toute la partie « corvée » de la cuisine et de te concentrer sur le plus sympa, et c'est comme ça que tu peux prendre goût à cuisiner si c'est pas déjà le cas. Simplifie-toi la vie en cuisine et laisse ton talent s'exprimer, sans te prendre la tête !

5 ingrédients
magiques qui transforment tous tes plats

Pour passer de repas « ok » à des repas « omg trop stylé », ça demande pas énormément d'efforts ni de thunes. Il y a quelques petits hacks à garder en cuisine pour pouvoir élever tous tes plats, donc voilà mes cinq ingrédients magiques qui vont donner un coup de boost à tes recettes, sans prise de tête. À avoir absolument sous la main !

1 Pâte d'ail et de gingembre

Pour tous les fans de saveurs qui claquent, la pâte d'ail et de gingembre est un indispensable. En version maison ou toute prête (à shopper en épicerie asiatique), cette petite merveille rajoute une touche punchy à tout, des marinades aux sauces en passant par les légumes sautés. Le côté piquant et un peu terreux du gingembre se marie parfaitement avec l'ail. Une petite cuillère suffit pour upgrader tes plats et, bonus, tu gagnes du temps en cuisine !

2 MSG (glutamate monosodique)

Ok, le MSG a longtemps eu mauvaise presse, mais en vrai, c'est le secret de cette fameuse cinquième saveur, l'umami. Ajoutes-en une pincée dans les soupes, sauces ou même tes légumes, et ça crée une sorte d'équilibre parfait et presque mystique dans le plat. Je sais pas comment expliquer, mais le MSG c'est magique. Attention, on n'en met pas des tonnes (la magie, c'est dans le dosage), mais utilisé avec parcimonie, il fait des merveille ! Tu peux en trouver dans les magasins asiatiques, de la marque AJI-NO-MOTO par exemple.

3

Citron combava

Le combava, c'est comme le citron vert, mais en version ultra-sauvage. Ce petit agrume asiatique va intensifier n'importe quelle recette avec son arôme unique, entre citronnelle et lime. Quelques zestes dans un curry, une marinade ou une salade, et bim, tes papilles voyagent direct sous les tropiques. À doser avec soin: son goût est puissant, mais quel régal!

4

Paprika fumé

Pour une touche de fumé sans avoir à sortir le barbecue, le paprika fumé est une pépite. Il donne du caractère aux plats et s'intègre partout: dans les sauces, les marinades ou même pour rehausser des légumes rôtis. En un clin d'œil, il donne un côté « barbecue vibes » qui marche super bien dans plein de recettes, que ce soit des plats de viande, de légumes ou des pâtes.

5

Graines en folie : courge, lin & cie

Les graines, c'est la touche croquante et nutritive qui fait la différence. Graines de courge, de tournesol, de lin... elles ajoutent un croustillant et un léger goût de noisette à tes plats, sans prise de tête. Saupoudres-en sur tes salades, soupes ou dans des plats chauds pour apporter du croquant et des oméga-3. Un petit geste qui fait une grande différence.

APÉRO TOP CHRONO

Baguette tarte flambée à la poêle

LES TARTES FLAMBÉES SONT SOUVENT APPELÉES « FLAMMEKUECHE » EN MAGASIN OU DANS LES RESTAURANTS… SI VOUS VOULEZ HEIN. MAIS À STRASBOURG, ON DIT UNE « TARTE FLAMBÉE » OU, À LA RIGUEUR, UNE « FLAMS ». UN JOUR JE TE PARLERAI DU DÉBAT « PAIN AU CHOCOLAT » VS « CHOCOLATINE », ALORS QU'À STRASBOUR, PEU IMPORTE, ON DIT « PETIT PAIN ». MAIS TU N'ES PAS PRÊT POUR CETTE DISCUSSION…

POUR **2 GRANDES TARTINES**
PRÉPARATION : **10 MIN**
CUISSON : **15 MIN**

½ baguette
150 g de lardons fumés
1 oignon émincé
100 g de fromage blanc
2 c. à soupe de crème fraîche
Muscade
Gruyère râpé (facultatif)

1. Coupe la demi-baguette en deux dans la longueur. Dans une poêle, fais revenir les lardons et l'oignon pendant 5 min.
2. Mélange le fromage blanc avec la crème fraîche, du sel, du poivre et un peu de muscade. Tartine généreusement ce mélange sur chaque morceau de baguette, puis répartis les lardons et l'oignon par-dessus.
3. Fais cuire les tartines dans une poêle légèrement huilée avec couvercle, côté garniture vers le haut, à feu moyen pendant environ 10 min. La baguette doit être croustillante et dorée.

Si t'es fancy, tu peux rajouter du gruyère râpé par-dessus pour faire une version gratinée !
1,35 €
PAR TARTINE !

0,48 €
PAR PANCAKE !

Pancakes
de courgettes

POUR **6 PANCAKES**
PRÉPARATION : **10 MIN**
CUISSON : **15 MIN**

- 2 courgettes moyennes râpées
- 150 g de farine
- 1 c. à café de levure chimique
- 2 œufs
- 1 yaourt nature
- 2 c. à soupe de ciboulette hachée

Si tu n'as pas de râpe de cuisine, utilise un économe, ça fait très bien le taff !

1. Verse un peu de sel sur les courgettes et laisse dégorger 5 min, puis presse-les pour retirer l'excès d'eau.
2. Dans un bol, mélange les courgettes avec la farine, la levure, les œufs, le yaourt, la ciboulette, du sel et du poivre.
3. Fais chauffer un peu d'huile d'olive dans une poêle à feu moyen. Dépose 1 c. à soupe de pâte pour chaque pancake, puis fais cuire 3 à 4 min de chaque côté, jusqu'à ce qu'ils soient bien dorés. Sers chaud, avec une sauce au yaourt.

Et un peu de salade verte si tu veux te la jouer Gigi Hadid

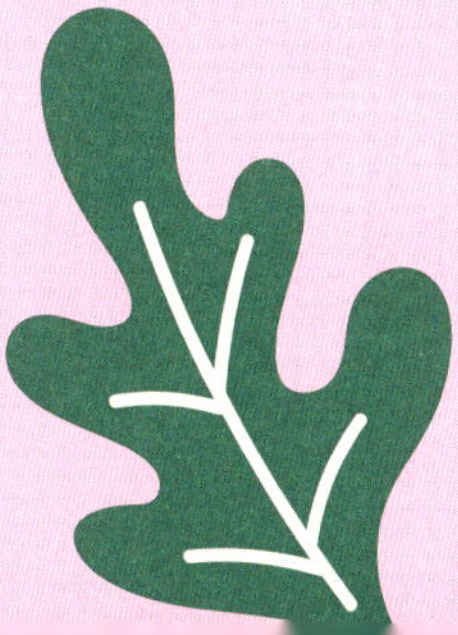

Nachos à la poêle

NICKEL À POSER AU MILIEU DE LA TABLE
POUR PARTAGER, OU SE LE TAPER SOLO SANS VERGOGNE !

POUR **2 PERSONNES**
PRÉPARATION : **10 MIN**
CUISSON : **10 MIN**

1 poivron rouge émincé
1 oignon haché
200 g de chips tortillas
50 g de maïs en boîte
30 g d'olives noires dénoyautées et en rondelles
1 pincée de paprika ou de piment doux
100 g de fromage râpé (cheddar, emmental ou mozzarella)
2 c. à soupe de crème fraîche

1. Dans une grande poêle, fais revenir le poivron et l'oignon pendant 5 min avec un peu d'huile, jusqu'à ce qu'ils soient tendres. Mets-les de côté, puis verse les tortillas dans la poêle.
2. Ajoute le poivron, l'oignon, le maïs et les olives sur les tortillas. Assaisonne avec du paprika, du sel et du poivre, puis ajoute une bonne dose de fromage râpé.
3. Couvre et laisse chauffer à feu doux pendant 5 min, jusqu'à ce que le fromage fonde et soit bien gratiné.
4. Sers immédiatement avec quelques cuillères de crème fraîche par-dessus. À manger directement dans la poêle !

Attention, ça devient addictif !

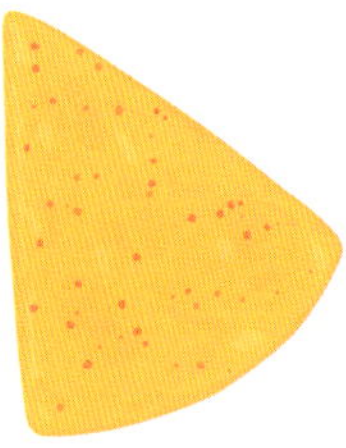

2,20 €
PAR PORTION !

1,60 €
PAR PORTION !
Toutes mes excuses
par avance au peuple espagnol. ☺

Tortilla aux chips

MEILLEUR MOYEN DE FINIR LES CHIPS
QUI RESTENT DE TON APÉRO DE LA VEILLE !

POUR **2 PERSONNES**
PRÉPARATION : **15 MIN**
CUISSON : **8 MIN**

Au goût barbecue pour les aventuriers…

4 œufs

100 g de chips nature grossièrement écrasées

1 petit oignon émincé

½ poivron rouge émincé

1. Fais revenir l'oignon et le poivron dans une poêle avec un peu d'huile d'olive pendant 5 min, jusqu'à ce qu'ils soient tendres.
2. Dans un bol, bats les œufs avec 1 pincée de sel et de poivre. Ajoute l'oignon et le poivron grillés, puis les chips. Laisse imbiber 5 min.
3. Verse la préparation dans une poêle et fais cuire à feu doux pendant environ 5 min, jusqu'à ce que la tortilla soit prise mais encore moelleuse.
4. Retourne la tortilla délicatement (aide-toi d'une assiette si besoin) et laisse cuire encore 2 à 3 min.
5. Sers chaud ou tiède, accompagné d'une petite salade pour la bonne conscience.

Dip
de butternut et gorgonzola

LES DIPS C'EST GRAVE UNE PASSION, ET POUR CAUSE
C'EST LA RECETTE QUI SE FAIT HYPER RAPIDEMENT ET QUI CLAQUE
DEVANT LES INVITÉS À L'APÉRO. C'EST AUSSI LE MOMENT DE TESTER
DES COMBINAISONS ORIGINALES : LÀ, JE T'EN PARTAGE DEUX
QUI FONCTIONNENT TRÈS BIEN MAIS N'HÉSITE PAS À TESTER DE TON CÔTÉ.
TU POURRAS AVOIR DE BONNES SURPRISES !

POUR **2 PERSONNES**
PRÉPARATION : **15 MIN**
CUISSON : **20 MIN**

300 g de butternut (frais ou surgelé) en dés

75 g de gorgonzola + quelques dés pour la déco

75 g de ricotta

Quelques graines de courge (facultatif)

1 c. à soupe d'huile d'olive

1. Fais cuire le butternut dans un peu de beurre pendant environ 20 min, jusqu'à ce qu'il soit bien tendre.
2. Mixe le butternut avec la ricotta et le gorgonzola. Ajoute un filet d'huile d'olive, du sel et du poivre selon ton goût.
3. Sers dans une assiette creuse, décore avec quelques dés de gorgonzola, des graines de courge et un filet d'huile d'olive.
4. Sers ce dip chaud ou tiède, ça passe tout seul avec des tranches de pain grillé ou des légumes croquants !

Dip de butternut et gorgonzola

Dip de betteraves et chèvre frais

Dip de betteraves et chèvre frais

JE SUIS PAS MÉGA FAN DES BETTERAVES,
MAIS EN DIP ÇA PASSE TEEELLEMENT BIEN !!

PETIT CONSEIL : SI T'AS PAS ENCORE DE MIXEUR PLONGEANT, TU PEUX ÉCRASER TES PRÉPARATIONS AVEC UNE FOURCHETTE OU UN PRESSE-PURÉE. CERTES, ÇA PREND PLUS DE TEMPS ET ÇA FAIT LES BICEPS, MAIS LE RÉSULTAT EST ÉGALEMENT TRÈS SATISFAISANT !

POUR **2 PERSONNES**
PRÉPARATION : **10 MIN**

150 g de betteraves en salade ou en boîte

40 g de chèvre frais émietté

50 g de fromage frais (type St-Môret®)

1 c. à soupe de vinaigre balsamique

1. Dans un saladier, dépose les betteraves et le fromage frais, et mixe le tout au mixeur plongeant (ou au blender, si tu en as un).
2. Ajoute le vinaigre balsamique, sale et poivre selon ton goût. Mélange bien.
3. Dispose ce dip dans une assiette creuse et ajoute le chèvre frais par-dessus.
4. Sers avec un peu de pain grillé ou des crackers pour un apéro léger et coloré.

Petit tip : s'il t'en reste après l'apéro, fais cuire un peu de pâtes, laisse-les refroidir et incorpores-y ce dip. Et voilà, tu as transformé ton reste d'apéro en Barbie® Pasta salad !

Crème de feta et tomates confites

C'EST LE DIP QUE JE FAIS TOUJOURS À MES POTES QUAND ILS VIENNENT À L'APPART… BON, JE CROIS QU'ILS EN PEUVENT PLUS MAIS TANT PIS POUR EUX, JE VAIS GRAVE CONTINUER DE LE FAIRE…

POUR **2 PERSONNES**
PRÉPARATION : **10 MIN**
CUISSON : **15 MIN**

100 g de feta émiettée
1 petite boîte de tomates cerises coupées en deux
1 c. à soupe de sucre
2 c. à soupe de yaourt grec
1 c. à soupe d'huile d'olive
Un peu de miel (facultatif)
1 pincée d'origan
Pain grillé pour accompagner

1. Dans une poêle, dépose le sucre, les tomates cerises, du sel, du poivre et un peu d'huile. Fais compoter le tout à feux doux pendant 10 à 15 min.
2. Dépose la feta dans un bol, puis ajoute le yaourt grec, l'huile d'olive, le miel et l'assaisonnement. Mixe le mélange à l'aide d'un mixeur plongeant, ou à la fourchette si tu n'as pas de mixeur (en plus, ça fera travailler les bras).
3. Dans une assiette creuse, verse la crème de fêta, puis les tomates cerises compotées par-dessus.

Tu peux servir cette crème en dip avec du pain grillé à l'apéro, ça passe très bien !

1,85 €
PAR PORTION !

UN PETIT SNACK ?

Pizza buns poulet-curry

C'EST SIMPLE. LES PIZZA BUNS J'EN FAIS À TOUT !
C'EST D'AILLEURS L'UNE DES RECETTES QUI A LE MIEUX MARCHÉ
SUR MON COMPTE QUAND JE L'AI POSTÉE, ET POUR CAUSE :
C'EST SIMPLE À FAIRE, C'EST PAS TRÈS CHER
ET C'EST HYPER RÉCONFORTANT.
GLOBALEMENT, LES PIZZA BUNS ÇA SE DÉCLINE AVEC PLEIN
DE GARNITURES DIFFÉRENTES !

POUR **4 BUNS**
PRÉPARATION : **20 MIN**
CUISSON : **40 MIN**

1 pâte à pizza rectangulaire

250 g de blanc de poulet en cubes

2-3 c. à soupe de curry en poudre

½ poivron rouge grossièrement coupé

100 g de champignons de Paris frais émincés

1 c. à soupe de crème fraîche entière

Ou en conserve, personne ne t'en voudra !

1. Dans une poêle huilée, fais rapidement griller le curry, puis ajoute le poivron. Laisse cuire pendant 5 min tout en remuant.
2. Ajoute le poulet et les champignons, et ça repart pour 5 min de cuisson. Ajoute la crème fraîche, du sel et du poivre selon tes goûts. Laisse mijoter brièvement.
3. Coupe la pâte à pizza en quatre et dépose la farce au milieu (laisse assez d'espace sur les bords pour refermer !). Rabats les 4 coins de la pâte au milieu, puis scelle le tout avec les doigts ; le but est d'avoir un bun bien fermé pour que la farce ne s'échappe pas dans la poêle à la cuisson.
4. Fais cuire les buns dans une poêle huilée, 15 min de chaque côté à feu doux et avec un couvercle. La pâte doit être dorée à l'extérieur et suffisamment cuite à l'intérieur, donc ne mets pas le feu trop fort pour ne pas la brûler !

Pizza buns
poulet-curry

Pizza buns tartiflette

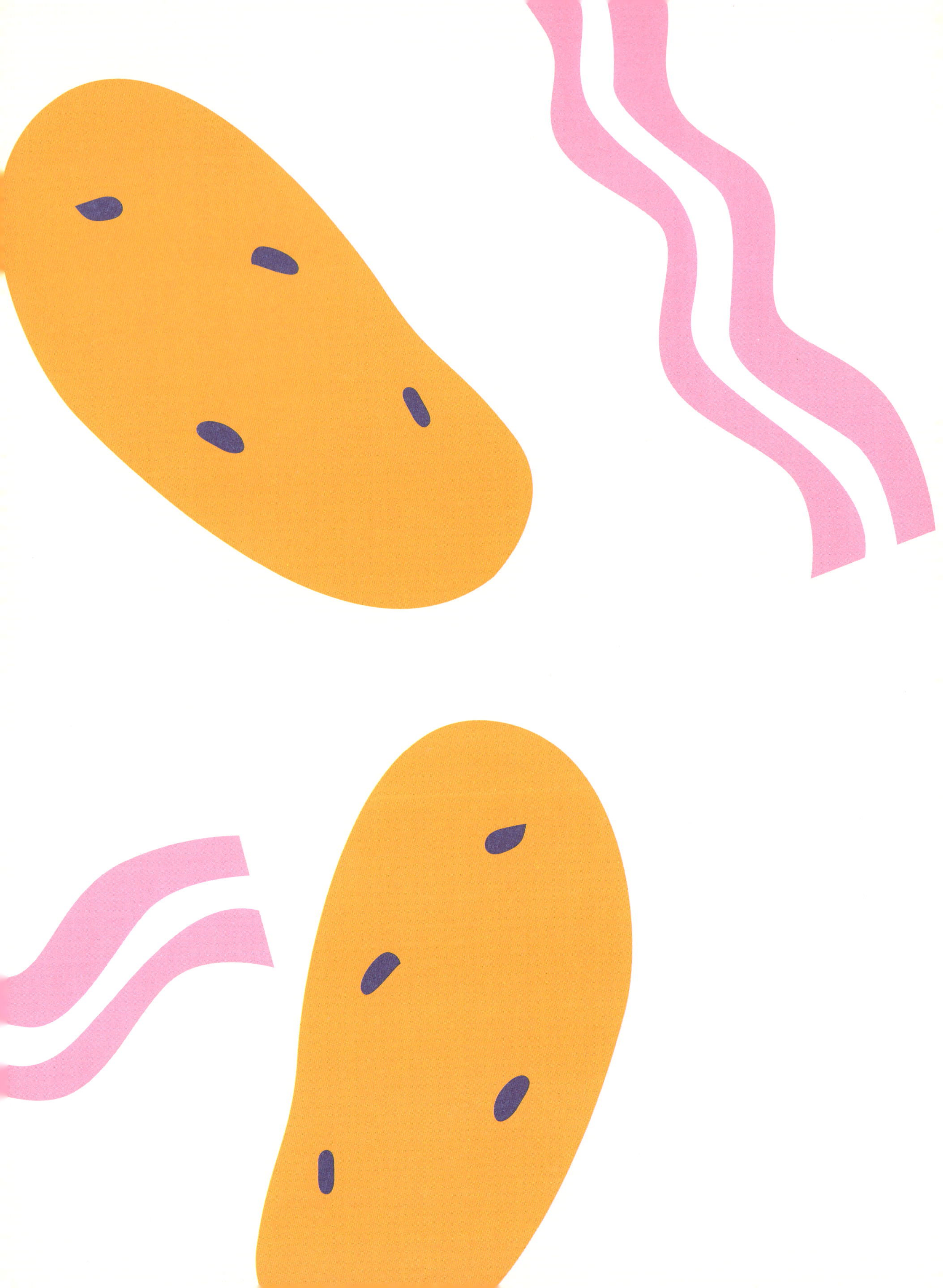

Pizza buns
tartiflette

LÀ, JE TE PARTAGE DEUX DE MES RECETTES DE PIZZA BUNS PRÉFÉRÉES MAIS N'OUBLIE PAS QUE C'EST TA CUISINE ET QUE PERSONNE N'A RIEN À TE DIRE, DONC SI TU VEUX TESTER D'AUTRES GARNITURES FAIS TOI PLAISIIIR. ALLER, JE TE BALANCE QUELQUES AUTRES IDÉES EN CADEAU : PIZZA BUNS FAÇON REINE (JAMBON, CHAMPIGNON, MOZZA), PIZZA BUNS POULET TANDOORI, PIZZA BUNS SUCRÉ CHOCOLAT-BANANES… C'EST POUR MOI, ÇA ME FAIT PLAISIR !

Je ne mets pas d'huile au début car les lardons sont déjà gras !

POUR **4 BUNS**
PRÉPARATION : **15 MIN**
CUISSON : **35 MIN**

- 1 pâte à pizza rectangulaire
- ½ reblochon ou fromage à tartiflette en tranches
- 200 g de lardons fumés
- 1 oignon émincé
- 4 pommes de terre moyennes cuites et grossièrement coupées
- 2 c. à soupe de crème fraîche

1. Dans une poêle, fais revenir les lardons et l'oignon tout en remuant pendant 5 min.
2. Ajoute les pommes de terre, la crème fraîche, du sel et du poivre. Laisse mijoter brièvement.
3. Coupe la pâte à pizza en quatre et dépose la farce au milieu, puis quelques tranches de fromage par-dessus. Rabats les 4 coins de la pâte au milieu, puis scelle le tout avec les doigts ; le but est d'avoir un bun bien fermé pour que la farce ne s'échappe pas dans la poêle à la cuisson.
4. Fais cuire les buns dans une poêle huilée, 15 min de chaque côté à feu doux et avec un couvercle. La pâte doit être dorée à l'extérieur et suffisamment cuite à l'intérieur, donc ne mets pas le feu trop fort pour ne pas la brûler !

Samoussas
au thon

J'AI GRAVE VOLÉ LA RECETTE À MON PÈRE… BON, JE L'AI TWISTÉE POUR Y METTRE DES INGRÉDIENTS QUI SE TROUVENT FACILEMENT. DONC ON PEUT DIRE QUE C'EST MA RECETTE MAINTENANT ?

POUR **12 SAMOUSSAS (4 PERSONNES)**
PRÉPARATION : **20 MIN**
CUISSON : **15 MIN**

200 g de thon en boîte

2 pommes de terre moyennes cuites et écrasées

1 oignon haché

2 c. à soupe de curry en poudre

6 feuilles de brick

Persil frais ou déshydraté

1. Dans un bol, mélange le thon égoutté avec les pommes de terre, l'oignon et le curry. Assaisonne avec du sel et du poivre selon ton goût.
2. Coupe chaque feuille de brick en deux. Plie chaque demi-feuille en deux pour former une bande.
3. Dépose 1 cuillère de garniture au thon sur une extrémité de la bande, puis plie en triangle en prenant soin de bien enfermer la garniture. Répète l'opération pour former tous les samoussas.
4. Fais chauffer un peu d'huile dans une poêle à feu moyen et fais dorer les samoussas pendant 2 à 3 min de chaque côté, jusqu'à ce qu'ils soient croustillants.
5. Égoutte-les sur du papier absorbant et sers chaud.

Gros kiff !!
0,50 €
PAR SAMOUSSA !

0,88 €
PAR SUSHI BALL !

Sushi balls

POURQUOI DES SUSHI BALLS PLUTÔT QUE DES SUSHI/MAKI NORMAUX ?
PARCE QUE J'AVAIS LA FLEMME DE FAIRE TOUT LE MONTAGE, LES BALLS
ÇA VA BEAUCOUP PLUS VITE ET ÇA FAIT TOUT AUSSI PLAIZ' !

POUR **6 SUSHI BALLS (3 PERSONNES)**
PRÉPARATION : **20 MIN**
CUISSON : **10 MIN**

150 g de riz à sushi

1 boîte de thon

2 c. à soupe de vinaigre de riz (ou vinaigre classique)

3 c. à soupe de mayonnaise (si t'es fancy, tu peux prendre de la mayonnaise Kewpie®. Pour moi, ce sera de la mayo classique.)

1 c. à café de sauce Sriracha (si tu ne manges pas piquant, ne te fais pas de mal…)

Graines de sésame (blond ou noir)

Sauce soja salée ou sucrée

1. Fais cuire le riz selon les instructions du paquet, puis laisse-le refroidir.
2. Dans un grand bol, mélange le thon, le vinaigre, la mayonnaise et la sauce Sriracha. Ajoute le riz froid et mélange bien.
3. Forme des petites boules de riz avec les mains (tu peux les mouiller pour éviter que ça ne colle). Roule les boules dans les graines de sésame pour une petite touche croquante.
4. Sers frais avec un peu de sauce soja pour tremper.

Perso, je suis team sauce soja sucrée, mais c'est toi qui vois. ☺

Tarte à la tomate façon tatin

1,25 €
PAR PORTION !

POUR **4 PERSONNES**
PRÉPARATION : **10 MIN**
CUISSON : **35 MIN**

4 tomates en rondelles
1 c. à soupe d'huile d'olive
1 c. à soupe de sucre
1 c. à soupe de vinaigre balsamique
100 g de ricotta
1 pâte feuilletée
Quelques feuilles de basilic frais (facultatif)

1. Dans une poêle, fais chauffer l'huile d'olive, le sucre et le vinaigre à feu moyen. Ajoute les tomates et fais-les caraméliser légèrement pendant 10 à 15 min. Le but est que les tomates compotent bien afin de ne pas avoir une tarte détrempée.
2. Assaisonne avec du sel et du poivre, puis étale la ricotta sur les tomates.
3. Dépose la pâte feuilletée par-dessus, en repliant les bords vers l'intérieur de la poêle.
4. Couvre et fais cuire à feu doux pendant 15 min, jusqu'à ce que la pâte soit cuite. Retire le couvercle et laisse chauffer 5 min supplémentaires pour que l'excès d'eau s'évapore.
5. Retourne délicatement la tarte sur une assiette pour la démouler, façon tatin. Garnis de quelques feuilles de basilic avant de servir si tu le souhaites !

Feuilletés au fromage ail et fines herbes

ALORS QUAND JE TE DIS QUE J'ÉTAIS LE PREMIER CHOQUÉ À RÉUSSIR À FAIRE CUIRE DE LA PÂTE FEUILLETÉE À LA POÊLE… JE TE DIS SURTOUT QUE J'ÉTAIS RASSURÉ DE PAS AVOIR FAIT CRAMER MA CUISINE.

LE SECRET POUR CUIRE UNE PÂTE FEUILLETÉE À LA POÊLE, C'EST VRAIMENT LA TEMPÉRATURE : IL FAUT Y ALLER VRAIMENT DOUCEMENT POUR QUE LA CHALEUR AIT LE TEMPS DE REMONTER JUSQU'EN HAUT DE LA PÂTE ET DE LA CUIRE, SANS QUE LE FOND NE BRÛLE. CONCLUSION : ON PREND SON TEMPS ET ON TESTE AVANT DE PRENDRE LA CONFIANCE.

POUR **4 FEUILLETÉS**
PRÉPARATION : **10 MIN**
CUISSON : **20 MIN**

1 pâte feuilletée rectangulaire

150 g de fromage ail et fines herbes (type Boursin®)

2 grands champignons de Paris en petits cubes

100 g de mozzarella râpée

1. Coupe la pâte feuilletée en 4 carrés égaux. Dans un saladier, mélange le fromage, les champignons et la mozzarella.
2. Dépose 1 grosse cuillère de ce mélange au centre des carrés de pâte feuilletée. Rabats les 4 coins de pâte au milieu, puis scelle le tout avec les doigts.
3. Récupère le papier cuisson de la pâte feuilletée, dépose-le dans la poêle et places-y les feuilletés. Fais cuire à couvert et à feu doux pendant environ 20 min ; il faut que la pâte soit suffisamment cuite et dorée en dessous.

Un peu de légumes...
juste pour
la bonne conscience

Feuilletés au fromage ail et fines herbes

Feuilletés feta-épinards

0,95 €
PAR FEUILLETÉ !

Feuilletés feta-épinards

QUAND J'ÉTAIS ÉTUDIANT, MA POTE AYLIN NOUS FAISAIT TOUJOURS SA RECETTE DE BOREK TURC ET C'ÉTAIT HYPER RÉCONFORTANT... BON, J'AI UN PEU MODIFIÉ LA RECETTE MAIS LE KIFF RESTE LE MÊME !

POUR **4 FEUILLETÉS**
PRÉPARATION : **15 MIN**
CUISSON : **35 MIN**

1 pâte feuilletée rectangulaire
150 g de feta émiettée
200 g d'épinards frais ou surgelés
Miel (facultatif)
Graines de sésame (facultatif)

1. Fais revenir les épinards dans une poêle avec un peu d'huile pendant 5 min. Sale et poivre. Si tu utilises des épinards surgelés, décongèle-les et presse-les pour enlever l'excès d'eau, sinon tu obtiendras une soupe au lieu d'un feuilleté, c'est pas ouf...
2. Coupe la pâte feuilletée en 4 et dépose une portion d'épinards et 1 cuillère de feta au centre de chaque carré. Ajoute les assaisonnements de ton choix : sel et poivre, la base, mais je te conseille de rajouter un petit filet de miel par-dessus, ça change tout !
3. Rabats les 4 coins au milieu pour former un feuilleté bien fermé. Scelle bien les bords en appuyant avec une fourchette.
4. Fais chauffer un peu d'huile dans une poêle et dépose les feuilletés. Fais cuire pendant 15 min de chaque côté à feu doux, jusqu'à ce qu'ils soient bien dorés.

Si tu veux être stylé, saupoudre des graines de sésame par-dessus, elles vont coller à la pâte et ça va être très mimi.

Faut que ce soit cheesyyy !
3 €
PAR CROQUE !

Croque-monsieur méditerranéens

LE CROQUE-MONSIEUR C'EST UN MUST HAVE
(OU « MUST COOK »... DU COUP ?) DANS LES RECETTES FACILES ÉTUDIANTES.
MAIS POUR NE PAS TE LASSER DU CLASSIQUE JAMBON-FROMAGE,
N'HÉSITE PAS À TESTER DE NOUVELLES GARNITURES !

POUR **2 CROQUE-MONSIEUR**
PRÉPARATION : **10 MIN**
CUISSON : **20 MIN**

- 100 g de sauce tomate
- 4 tranches de pain de campagne
- Un peu de basilic (frais ou séché)
- Flocons de piment (facultatif)
- 4 tranches de jambon fumé
- 100 g de poivrons grillés en bocal
- 100 g d'olives noires dénoyautées et tranchées
- 200 g de mozzarella râpée

1. Étale une fine couche de sauce tomate sur chaque tranche de pain, puis assaisonne à ta convenance avec sel, poivre, basilic et flocons de piment (si tu aimes quand ça pique un peu, sinon, ne te fais pas de mal).
2. Dépose 2 tranches de jambon fumé sur 2 des tranches de pain, puis répartis les poivrons grillés et les olives. Ajoute 1 bonne poignée de mozzarella par-dessus, puis referme avec les tranches de pain restantes.
3. Dans une poêle, fais chauffer un peu d'huile à feu moyen. Fais griller chaque croque pendant environ 5 min de chaque côté, jusqu'à ce que le pain soit doré et le fromage fondu.

Croque-monsieur carbonara

POUR **2 CROQUE-MONSIEUR**
PRÉPARATION : **10 MIN**
CUISSON : **25 MIN**

100 g de lardons
1 oignon émincé
15 cl de crème fraîche
1 œuf
75 g de parmesan râpé
4 tranches de pain de campagne
100 g de mozzarella râpée

1. Fais revenir les lardons et l'oignon dans une poêle jusqu'à ce qu'ils soient bien dorés.
2. Dans un bol, mélange la crème fraîche, l'œuf, le parmesan et un peu de poivre. Tartine 2 tranches de pain avec une partie de cette préparation, mais gardes-en pour le dessus des croques !
3. Ajoute les lardons et 1 bonne poignée de mozzarella. Referme les croques avec les tranches de pain restantes. Ajoute le reste de préparation à la crème sur le dessus.
4. Fais dorer les croque-monsieur à la poêle, pendant environ 5 min de chaque côté, jusqu'à ce que le fromage soit bien fondu et le pain croustillant.

Déso les Italiens pour la crème dans la carbo, promis c'est pas contre vous. ☺

2,50 €
PAR CROQUE !

Falafels à la poêle

0,19 €
PAR FALAFEL !

POUR **12 FALAFELS (3 PERSONNES)**
PRÉPARATION : **15 MIN**
CUISSON : **15 MIN**

1 boîte de pois chiches (400 g) égouttés
1 oignon émincé
2 gousses d'ail hachées
1 œuf
2 c. à soupe de persil haché
1 c. à café de cumin moulu
1 c. à café de coriandre moulue
4 c. à soupe de chapelure

1. Écrase les pois chiches à la fourchette dans un saladier, puis ajoute l'oignon, l'ail, l'œuf, le persil, le cumin, la coriandre, du sel et du poivre. Mélange jusqu'à obtenir une consistance légèrement granuleuse.
2. Forme des petites boules avec le mélange et roule-les dans la chapelure.
3. Fais chauffer de l'huile dans une poêle à feu moyen, puis fais cuire les falafels pendant environ 3 à 4 min de chaque côté, jusqu'à ce qu'ils soient dorés et croustillants. Sers avec une salade, une sauce au yaourt ou dans des pains pita (ou les trois en même temps, hein).

1,42 €
PAR WRAP !

Wraps au poulet façon César

POUR **2 WRAPS**
PRÉPARATION : **10 MIN**
CUISSON : **10 MIN**

2 grandes tortillas de blé
1 blanc de poulet en lanières
2 c. à soupe de mayonnaise
1 c. à café de moutarde de Dijon
1 c. à soupe de parmesan râpé
1 c. à café d'ail semoule
1 c. à café de ciboulette déshydratée
1/2 cœur de laitue romaine émincé
Quelques croûtons à l'ail

1. Fais chauffer un peu d'huile dans une poêle à feu moyen et fais cuire le poulet jusqu'à ce qu'il soit doré et bien cuit. Assaisonne avec du sel et du poivre.

On se fait une petite sauce ranch ?

2. Dans un petit bol, mélange la mayonnaise, la moutarde, le parmesan, l'ail semoule et la ciboulette.
3. Réchauffe légèrement les tortillas dans une poêle chaude ou au micro-ondes. Étale 1 cuillère de sauce sur chaque tortilla, ajoute 1 poignée de laitue, quelques morceaux de poulet et des croûtons.
4. Roule les tortillas en serrant bien pour former des wraps. Coupe-les en deux avant de servir.

Wraps végétariens houmous et feta

JE SUIS PAS FAN DES WRAPS INDUSTRIELS, ET CEUX-LÀ TU PEUX LES FAIRE HYPER RAPIDEMENT, DONC POURQUOI SE PRIVER ?

POUR **2 WRAPS**
PRÉPARATION : **10 MIN**
CUISSON : **15 MIN**

100 g de houmous
60 g de feta émiettée
½ courgette en rondelles
½ poivron rouge émincé
½ aubergine en fines tranches
2 grandes tortillas
Quelques feuilles de salade

Celle que tu veux, fais-toi plaisir !

1. Fais chauffer un peu d'huile d'olive dans une poêle et fais griller la courgette, le poivron et l'aubergine jusqu'à ce qu'ils soient tendres et légèrement dorés. Assaisonne avec du sel et du poivre. Tant pis si les légumes ne sont pas parfaitement coupés hein, personne ne s'en rendra compte !
2. Étale une couche généreuse de houmous sur chaque tortilla, puis dispose les légumes grillés, la salade et la feta par-dessus.
3. Roule les tortillas en serrant bien pour former des wraps. Coupe-les en deux pour servir.

2,05 €
PAR WRAP !

ON PASSE AU PLAT

Riz sauté aux légumes

CE RIZ, C'EST UNE TRÈS BONNE BASE POUR UN ACCOMPAGNEMENT OU UN PLAT PRINCIPAL. MAIS N'HÉSITE PAS À LE PIMPER EN AJOUTANT TOUT CE QUE TU VEUX DEDANS. PERSO, J'Y AJOUTE DES PETITS POIS CONGELÉS ET DES CACAHUÈTES, ÇA PASSE TRÈS BIEN !

POUR **4 PERSONNES**
PRÉPARATION : **10 MIN**
CUISSON : **15 MIN**

200 g de riz basmati ou long grain

1 oignon émincé

1 poivron rouge en dés

1 petite boîte de maïs (environ 140 g)

2 œufs

4 c. à soupe de sauce soja salée

Cébette ciselée

1. Fais cuire le riz selon les instructions du paquet. Égoutte-le et mets-le de côté.
2. Dans une grande poêle, fais revenir l'oignon avec un peu d'huile pendant 3 min. Ajoute le poivron et le maïs égoutté, et bam ! tu me fais sauter le tout pendant environ 5 min.
3. Mets les légumes sur le côté de la poêle et casse les œufs dans l'espace libre. Remue-les comme pour faire des œufs brouillés.
4. Ajoute le riz cuit dans la poêle, mélange bien et assaisonne avec la sauce soja, du sel et du poivre. Fais sauter pendant encore 5 min à feu moyen, puis ajoute la cébette au dernier moment.

0,85 €
PAR PORTION !

1,60 €
PAR PORTION !

Spätzle crémeux
poireaux-lardons

POUR **4 PERSONNES**
PRÉPARATION : **15 MIN**
CUISSON : **20 MIN**

300 g de Spätzle (maison ou du commerce)
150 g de lardons fumés
1 oignon émincé
2 poireaux émincés
20 cl de crème fraîche
Gruyère râpé

1. Fais cuire les Spätzle dans une grande casserole d'eau bouillante salée selon les instructions du paquet. Égoutte-les et mets de côté.
2. Dans une poêle, fais revenir les lardons avec l'oignon et les poireaux pendant 10 min à feu moyen, jusqu'à ce que les poireaux soient tendres.
3. Ajoute la crème fraîche, sale, poivre et laisse mijoter pendant encore 2 à 3 min.
4. Mélange les Spätzle avec la sauce crémeuse aux poireaux et lardons, puis sers chaud avec autant de gruyère qu'il faut pour que tu sois aux anges.

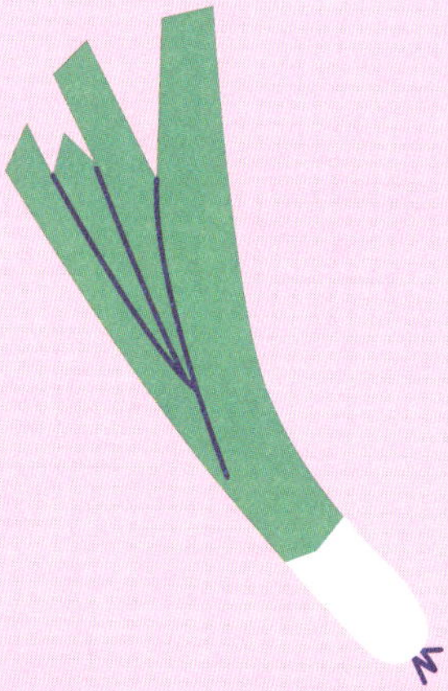

P.-S. : « Spätzle », ça se prononce « Ch-pete-ss-len ».

Lasagnes
à la casserole

POUR **2 PERSONNES**
PRÉPARATION : **30 MIN**
CUISSON : **45 MIN**

Pour la sauce bolognaise
1 oignon émincé
1 gousse d'ail émincée
1 c. à soupe d'huile d'olive
200 g de viande hachée
1 boîte de sauce tomate (400 g)
Herbes de Provence
150 g de mozzarella râpée

Pour la béchamel
60 g de beurre
60 g de farine
60 cl de lait
Muscade

Pour le montage
4 feuilles de lasagne fraîches

1. Prépare la béchamel : fais fondre le beurre dans une casserole, puis ajoute la farine et remue pendant 2 min. Ajoute ensuite le lait progressivement et laisse réduire jusqu'à obtenir une texture ni trop liquide ni trop épaisse. Assaisonne et mets de côté.
2. Prépare la sauce bolognaise : dans une grande casserole, fais revenir l'oignon et l'ail avec l'huile d'olive pendant 5 min. Ajoute la viande hachée et fais cuire jusqu'à ce qu'elle soit dorée.
3. Ajoute la sauce tomate, les herbes de Provence, du sel et du poivre. Laisse mijoter 5 min.
4. Pour le montage, prends une petite casserole. Coupe les feuilles de lasagne en deux, puis découpe-les (plus ou moins) en cercle pour qu'elles soient à la taille de la casserole. Une grande feuille de lasagne doit pouvoir donner 2 cercles, sinon prends une casserole plus petite !
5. Dépose d'abord une couche de sauce bolognaise dans la casserole, puis alterne feuille de lasagne, béchamel, feuille de lasagne, sauce bolognaise… jusqu'à remplir la casserole quasiment jusqu'en haut.
6. Couvre le tout de mozzarella, puis mets un couvercle et laisse cuire à feu très doux pendant 30 min, jusqu'à ce que les feuilles de lasagne soient tendres et le fromage fondu. Sers chaud.

3,30 €
PAR PORTION !

3,15 €
PAR PORTION !

Gratin
de cannellonis

ON PENSERAIT PAS QUE
ÇA PUISSE MARCHER HEIN ?
EH BAH ÇA MARCHE !

POUR **2 PERSONNES**
PRÉPARATION : **15 MIN**
CUISSON : **28 MIN**

6 cannellonis
150 g de champignons émincés
1 gousse d'ail hachée
2 poignées d'épinards frais
150 g de ricotta
30 cl de sauce tomate
50 g de parmesan râpé (ou tout « faux » parmesan qui coûterait moins cher)
100 g de fromage râpé (mozzarella ou emmental)

1. Dans une poêle, fais revenir les champignons et l'ail dans un peu d'huile d'olive pendant 5 min. Ajoute les épinards et laisse cuire pendant encore 2 à 3 min, jusqu'à ce qu'ils réduisent.

Et ça réduit beaucoup, donc n'hésite pas à en mettre plein !

2. Dans un bol, mélange la ricotta avec les champignons et les épinards. Assaisonne avec du sel et du poivre.
3. À l'aide d'une poche à douille ou d'une petite cuillère, farcis les cannellonis avec la préparation précédente.
4. Dans la poêle, verse une partie de la sauce tomate, puis dispose les cannellonis farcis par-dessus. Recouvre-les avec le reste de la sauce tomate et le fromage.
5. Couvre la poêle et laisse mijoter à feu doux pendant environ 20 min, jusqu'à ce que les cannellonis soient bien tendres et le fromage gratiné. Tu peux remuer légèrement de temps en temps pour éviter que ça n'accroche à la poêle. Sers bien chaud.

Camembert rôti à la poêle

POUR **2 PERSONNES**
PRÉPARATION : **5 MIN**
CUISSON : **15 MIN**

1,75 €
PAR PORTION !

1 camembert
100 g de lardons fumés
1 oignon émincé
1 c. à soupe de miel
Pain grillé pour tremper

1. Dans une poêle, fais revenir les lardons et l'oignon jusqu'à ce qu'ils soient bien dorés. Retire du feu et réserve.
2. Coupe le camembert en deux dans l'épaisseur. Prends une petite poêle ou une casserole de la même taille que le fromage, tapisse-la de papier cuisson et dépose une première partie du camembert.
3. Ajoute l'oignon et les lardons grillés, puis referme avec l'autre partie du camembert et fais des petites entailles sur le haut du fromage.

En gros, tu dois obtenir une sorte de sandwich de camembert.

4. Couvre et laisse cuire à feu doux pendant 10 à 15 min, jusqu'à ce que le camembert soit bien coulant. Sers immédiatement, accompagné de morceaux de pain grillé.

1,95 €
PAR PORTION !

Nouilles sautées au poulet, lait de coco et curry

POUR **4 PERSONNES**
PRÉPARATION : **15 MIN**
CUISSON : **19 MIN**

Tu peux en trouver dans les magasins asiatiques ou dans les rayons « Cuisine du monde » en supermarché !

300 g de nouilles aux œufs
2 filets de poulet en dés
1 boîte de lait de coco (40 cl)
3 c. à soupe curry en poudre
1 c. à soupe d'huile
1 oignon émincé
1 poivron rouge en lamelles
1 carotte en julienne
Coriandre fraîche pour la garniture

1. Fais cuire les nouilles selon les instructions du paquet. Égoutte et mets de côté.
2. Dans une grande poêle, fais chauffer l'huile à feu moyen. Ajoute l'oignon et fais revenir pendant 2 min. Ajoute le poulet et fais cuire jusqu'à ce que le tout soit doré.
3. Ajoute le poivron, la carotte et le curry. Fais revenir pendant 5 min. Verse le lait de coco, assaisonne avec du sel et du poivre, et laisse mijoter 10 min supplémentaires.
4. Ajoute les nouilles, mélange bien pour enrober et laisse chauffer pendant encore 2 min. Garnis de coriandre avant de servir.

Gnocchi
& cheese

BON. JE PENSE QUE SI Y'A UN ALIMENT QUI MET TOUT LE MONDE D'ACCORD, C'EST LES GNOCCHI. NON SÉRIEUX. ÇA MARCHE AVEC PLEIN DE SAUCES, ÇA MARCHE EN GRATIN, ÇA MARCHE GRILLÉ… ÇA MARCHE QUOI !!

LÀ, JE TE PARTAGE DEUX RECETTES COUP DE CŒUR AVEC DES GNOCCHI QUE TU VAS ADORER TESTER.

PREMIÈRE OPTION : LE GNOCCHI & CHEESE, FAÇON MAC & CHEESE MAIS ENCORE PLUS FONDANT. VA TE RÉGALER À COUP SÛR.

POUR **4 PERSONNES**
PRÉPARATION : **10 MIN**
CUISSON : **15 MIN**

250 g de gnocchi à poêler
10 cl de crème liquide
5 g de roquefort
50 g de comté râpé
50 g d'emmental râpé (en vrai, tu mets les fromages que tu veux hein, c'est ta cuisine)
Cébette ciselée (facultatif)

1. Fais cuire les gnocchi dans une poêle avec un filet d'huile jusqu'à qu'ils soient dorés.

Comme toi après ton week-end à Marseille…

2. Ajoute la crème dans la poêle, puis incorpore les fromages. Remue doucement jusqu'à ce que les fromages soient fondus et les gnocchi bien enrobés de sauce. Assaisonne avec un peu de sel et de poivre, et décore avec un peu de cébette si tu veux que ce soit mimi.
3. Sers immédiatement pour profiter du crémeux des fromages.

Gnocchi & cheese

Gnocchi
à la crème de courgette

Gnocchi
à la crème de courgette

DEUXIÈME OPTION : ET SI TU PRÉFÈRES LE CÔTÉ RÉCONFORTANT, UNE CRÈME DE COURGETTE ULTRA-ONCTUEUSE, AVEC UNE PETITE TOUCHE D'AIL ET DE PARMESAN POUR SUBLIMER LE TOUT !

POUR **4 PERSONNES**
PRÉPARATION : **10 MIN**
CUISSON : **15 MIN**

250 g de gnocchi à poêler
2 c. à soupe d'huile d'olive
1 gousse d'ail émincée
1 courgette moyenne grossièrement coupée
100 g de ricotta
50 g de parmesan râpé pour la déco
Quelques feuilles de roquette pour la déco

1. Fais cuire les gnocchi selon les instructions du paquet.
2. Dans une grande poêle, fais chauffer l'huile d'olive. Ajoute l'ail et la courgette, fais revenir pendant 5 min, jusqu'à ce que la courgette soit tendre.
3. Dans un saladier, dépose les légumes cuits avec la ricotta, puis mixe avec un mixeur plongeant jusqu'à obtention d'une crème bien lisse.
4. Fais revenir les gnocchi dans une poêle avec un peu d'huile.
5. Dans une assiette creuse, dépose une généreuse couche de crème de courgette, les gnocchi poêlés (autant que tu veux, c'est toi qui décides). Décore avec un peu de parmesan et quelques feuilles de roquette.

Quelle grâce !

Gratin de gnocchi et chorizo

LE GRATIN DE GNOCCHI C'EST VRAIMENT TROP SOUS-COTÉ !
J'AI L'IMPRESSION D'AVOIR APPRIS ÇA À MES POTES
ALORS QUE C'EST UN BANGER !!

POUR **2 PERSONNES**
PRÉPARATION : **10 MIN**
CUISSON : **20 MIN**

250 g de gnocchi
100 g de chorizo en rondelles
1 oignon haché
1 poivron rouge en dés
100 g de petits pois surgelés
20 cl de crème liquide
100 g de fromage râpé

Gruyère, mozzarella ou ce que tu veux !

1. Fais cuire les gnocchi dans de l'eau bouillante salée selon les indications du paquet, puis égoutte-les.
2. Dans une casserole, fais chauffer un peu d'huile à feu moyen et ajoute le chorizo, l'oignon et le poivron. Fais revenir pendant 5 min, jusqu'à ce que les légumes soient tendres.
3. Ajoute les petits pois et les gnocchi cuits, puis mélange bien. Verse la crème liquide sur les gnocchi et les légumes, et assaisonne avec du sel et du poivre.
4. Saupoudre de fromage râpé et laisse cuire à feu doux pendant environ 10 min, jusqu'à ce que le fromage soit fondu et que le tout soit bien chaud.
5. Sers directement dans la casserole.

Plus il y a de fromage,
mieux je me porte,
donc ne sois pas timide.
3,20 €
PAR PORTION !

1,50 €
PAR PORTION !

Chakchouka
à la poêle

NO JOKE, JE PENSE QUE JE ME FAISAIS UNE CHAKCHOUKA AU MOINS UNE FOIS PAR SEMAINE QUAND J'ÉTAIS ÉTUDIANT, C'EST TELLEMENT FACILE, RAPIDE ET PAS CHER (ÇA TOMBE BIEN C'EST LE BUT DU LIVRE) !

POUR **3 PERSONNES**
PRÉPARATION : **10 MIN**
CUISSON : **27 MIN**

1 oignon émincé

2 gousses d'ail émincées

2 poivrons (rouge et vert) en dés (ou 400 g de mélange de poivrons congelés)

400 g de tomates concassées

1 c. à café de cumin moulu

1 c. à café de paprika

3 œufs

Persil ou coriandre pour la garniture

1. Dans une grande poêle, fais chauffer un peu d'huile d'olive. Ajoute l'oignon, l'ail et les poivrons. Fais-les revenir pendant 10 min, jusqu'à ce qu'ils soient tendres.
2. Ajoute les tomates, le cumin, le paprika, du sel et du poivre. Laisse mijoter pendant 10 min, jusqu'à ce que la sauce soit bien épaisse.
3. Fais des petits puits dans la sauce et casse 1 œuf dans chaque. Couvre la poêle et laisse cuire à feu doux pendant 5 à 7 min, jusqu'à ce que les œufs soient cuits à ton goût.
4. Garnis de persil ou de coriandre et sers chaud, avec du pain croustillant.

Et entre nous, personne ne t'en voudra si tu mets un peu de fromage râpé par-dessus… Fais-toi kiffer !

Quesadillas
à la poêle

POUR **2 QUESADILLAS**
PRÉPARATION : **10 MIN**
CUISSON : **15 MIN**

2 grandes tortillas
½ oignon émincé
½ poivron (rouge ou vert) émincé
1 petit piment vert émincé (si t'as pas peur que ça pique un peu)
200 g de viande hachée
1 c. à café de cumin moulu
1 c. à café de paprika
10 cl de sauce tomate
100 g de mozzarella râpée

1. Fais chauffer un peu d'huile d'olive dans une poêle et fais revenir l'oignon, le poivron et le piment pendant 5 min. Et bam ! là tu me rajoutes la viande hachée, le cumin, le paprika, du sel et du poivre. Fais cuire jusqu'à ce que la viande soit bien dorée.
2. Ajoute la sauce tomate et laisse mijoter pendant 5 min.
3. Sur chaque tortilla, répartis un peu du mélange de viande, puis ajoute autant de mozzarella que ton cœur te l'ordonne.
4. Plie la tortilla en deux et fais-la dorer des deux côtés dans une poêle chaude (sans huile), jusqu'à ce que le fromage soit fondu et la tortilla bien croustillante.
5. Coupe chaque quesadilla en triangles et sers immédiatement.

Tu peux accompagner ça d'un petit guacamole, c'est toujours sympaaa !

2,85 €
PAR QUESADILLA !

Gyozas maison

POUR **10 GYOZAS (2 PERSONNES)**
PRÉPARATION : **30 MIN**
CUISSON : **12 MIN**

Tu peux en trouver des toute prêtes dans les épiceries asiatiques.

0,45 €
PAR GYOZA !

8 à 10 pâtes à gyozas
150 g de chair à saucisse
Cébette finement émincée
1 petite carotte râpée
Quelques champignons noirs réhydratés et hachés
1 c. à soupe de sauce soja salée
1 c. à soupe d'huile végétale

1. Mélange la chair à saucisse avec la cébette, la carotte, les champignons et la sauce soja.
2. Place une petite quantité de farce au centre de chaque pâte à gyoza. Humidifie les bords et replie la pâte pour former un petit chausson.
3. Dans une poêle, fais chauffer l'huile et fais dorer les gyozas pendant 2 min. Ajoute 10 cl d'eau, couvre le tout et laisse cuire à feu moyen pendant 10 min.
4. Sers chaud avec une sauce soja pour tremper.

Feuille

Si tu n'aimes pas le surimi, tu peux faire sans, ou le remplacer par du poulet cuit ou même du thon !

Rouleaux de printemps au surimi

POUR **8 ROULEAUX**
PRÉPARATION : **30 MIN**

8 bâtonnets de surimi
100 g de vermicelles de riz
8 feuilles de riz
8 grandes feuilles de laitue
2 carottes en fine julienne
1 concombre en fine julienne
Quelques feuilles de menthe fraîche
Sauce pour nems ou sauce soja sucrée pour tremper

1. Fais cuire les vermicelles de riz selon les instructions du paquet. Égoutte-les et mets de côté.
2. Remplis un grand bol d'eau tiède. Trempe 1 feuille de riz dans l'eau pendant quelques secondes jusqu'à ce qu'elle soit souple. Étale-la sur un linge propre et place 1 feuille de laitue au centre. Ajoute un peu de vermicelles de riz, un peu de carotte et de concombre, 1 feuille de menthe et 1 bâtonnet de surimi.
3. Replie les côtés de la feuille de riz sur la garniture, puis roule-la fermement pour former un rouleau. Répète l'opération avec les autres feuilles de riz et les ingrédients restants.
4. Sers les rouleaux de printemps avec la sauce pour nems ou la sauce soja sucrée.

POURQUOI DU SURIMI ? PARCE-QUE :

1. J'ADORE ÇA. ET PERSONNE NE VA RIEN DIRE.

2. C'EST BIEN MOINS CHER QUE DES CREVETTES. ET SI TU AS BIEN SUIVI, C'EST TOUT LE CONCEPT DE CE LIVRE : FAIRE DES ÉCONOMIES EN FAISANT SES COURSES.

Salade grecque aux céréales

ON LE SAIT, LES FÉCULENTS ÇA COÛTE PAS GRAND-CHOSE
ET ÇA TIENT AU CORPS. DU COUP, J'EN METS DANS LA SALADE GRECQUE
HISTOIRE D'AVOIR UN PLAT CONSISTANT ET TRÈS BON !

POUR **4 PERSONNES**
PRÉPARATION : **15 MIN**

200 g de mélange de céréales (quinoa, boulgour, etc.)

1 concombre en dés

100 g d'olives noires dénoyautées

150 g de feta émiettée

1 oignon rouge finement émincé

200 g de tomates cerises coupées en deux

Pour la vinaigrette

2 c. à soupe d'huile d'olive

1 c. à soupe de vinaigre balsamique

Quelques feuilles de basilic frais pour la garniture

1. Fais cuire le mélange de céréales selon les instructions du paquet, puis laisse refroidir.
2. Dans un grand saladier, mélange le concombre, les olives, la feta, l'oignon rouge et les tomates cerises.
3. Prépare la vinaigrette : mélange l'huile d'olive, le vinaigre balsamique, du sel et du poivre. Verse-la sur la salade et mélange bien. Garnis avec quelques feuilles de basilic avant de servir.

On sait tous que plus y'a de feta, mieux c'est... Donc si t'en mets deux fois plus, je dirai rien ! ☺

1,75 €
PAR PORTION !

Salade
de blé inspiration espagnole

LES FÉCULENTS, ON LE SAIT, C'EST L'INGRÉDIENT INCONTOURNABLE POUR DES REPAS ÉCONOMIQUES ET NOURRISSANTS ! MAIS COMME ON A UN PEU LA FLEMME DES ÉTERNELLES PÂTES AU PESTO, JE TE LES PROPOSE CETTE FOIS EN SALADE, C'EST FRAIS ET ÇA CHANGE UN PEU !

ICI, DEUX OPTIONS ULTRA-SIMPLES POUR VOYAGER DANS L'ASSIETTE : D'UN CÔTÉ, UNE SALADE DE BLÉ FAÇON ESPAGNOLE, PLEINE DE PEPS AVEC SES LÉGUMES ET SON ASSAISONNEMENT QUI RÉVEILLE.

POUR **4 PERSONNES**
PRÉPARATION : **20 MIN**
CUISSON : **15 MIN**

200 g de blé (type Ebly®)
2 blancs de poulet en dés
1 c. à soupe de paprika
1 c. à soupe de curry en poudre
2 poivrons (rouge et jaune) en dés (ou 400 g de mélange de poivrons congelés)
100 g de petits pois surgelés
1 oignon rouge émincé
2 c. à soupe d'huile d'olive
Le jus de 1 citron
Quelques feuilles de persil pour la garniture (facultatif)

1. Fais cuire le blé dans de l'eau bouillante salée selon les instructions du paquet, puis égoutte et laisse refroidir.
2. Fais chauffer 1 c. à soupe d'huile d'olive dans une poêle et fais revenir le poulet avec le paprika, le curry, du sel et du poivre jusqu'à ce qu'il soit doré et bien cuit.
3. Ajoute les poivrons et l'oignon rouge, puis fais revenir pendant 5 min. Ajoute ensuite les petits pois et laisse cuire 2 min supplémentaires. Laisse refroidir le tout.
4. Mélange le blé cuit, les légumes sautés et le poulet dans un grand saladier. Assaisonne avec le jus de citron, un peu de sel et de poivre. Mélange bien et garnis avec quelques feuilles de persil avant de servir.

Salade de blé inspiration espagnole

1,60 €
PAR PORTION !

Salade italienne aux tagliatelles

Salade italienne aux tagliatelles

DE L'AUTRE CÔTÉ, UNE SALADE ITALIENNE AUX TAGLIATELLES
POUR UN COMBO DE SAVEURS MÉDITERRANÉENNES.
HYPER FACILES À PRÉPARER, CES DEUX RECETTES SONT PARFAITES
POUR LES DÉJEUNERS SUR LE POUCE OU LES REPAS EN MODE CHILL.
ALORS, ESPAGNE OU ITALIE ?

DES RECETTES POUR MANIFESTER LES BEAUX JOURS ÇA !

POUR **4 PERSONNES**
PRÉPARATION : **15 MIN**
CUISSON : **10 MIN**

250 g de tagliatelles
200 g de tomates cerises coupées en deux
100 g d'olives noires dénoyautées
150 g de billes de mozzarella
Un peu de basilic frais ou séché
1 c. à soupe de vinaigre balsamique
Quelques copeaux de parmesan

1. Fais cuire les tagliatelles selon les instructions du paquet. Égoutte-les, puis ajoute un filet d'huile d'olive pour éviter qu'elles ne collent entre elles, et laisse refroidir.
2. Dans un grand saladier, mélange les tomates cerises, les olives, les billes de mozzarella et le basilic. Ajoute les tagliatelles refroidies. Assaisonne avec l'huile d'olive, le vinaigre balsamique, du sel et du poivre.
3. Mélange bien, puis garnis avec des copeaux de parmesan. Sers frais.

Ici on est team coriandre,
je ne veux rien entendre !
1,20 €
PAR PORTION !

Chili sin carne

PAS BESOIN DE PARLER ESPAGNOL
POUR COMPRENDRE QUE « CHILI SIN CARNE »,
C'EST UN « CHILI CON CARNE »
MAIS SANS VIANDE DU COUP...

POUR **4 PERSONNES**
PRÉPARATION : **10 MIN**
CUISSON : **30 MIN**

2 c. à café d'épices chili en poudre

1 c. à soupe d'huile d'olive

1 oignon haché

2 gousses d'ail émincées

1 poivron rouge en dés (ou 200 g de mélange de poivrons surgelés)

1 boîte de tomates concassées (400 g)

1 boîte de haricots rouges (400 g)

1 boîte de maïs (150 g)

Quelques brins de coriandre fraîche pour la garniture

1. Dans une grande poêle ou une casserole, fais chauffer l'huile d'olive à feu moyen. Ajoute l'oignon et l'ail, et fais-les revenir jusqu'à ce qu'ils soient bien dorés.
2. Ajoute le poivron et les épices chili. Fais cuire pendant 5 min, en remuant de temps en temps.
3. Verse les tomates concassées dans la poêle, puis ajoute les haricots rouges et le maïs égouttés. Assaisonne avec du sel et du poivre. Laisse mijoter à feu doux pendant 20 à 25 min en remuant de temps en temps, jusqu'à ce que la sauce épaississe.
4. Sers le chili sin carne chaud, garni de coriandre fraîche et accompagné de riz ou de chips tortillas.

Risotto crémeux aux champignons

POUR **2 PERSONNES**
PRÉPARATION : **10 MIN**
CUISSON : **27 MIN**

150 g de riz à risotto (type arborio, mais si tu n'en trouves pas, du riz rond fera l'affaire)

150 g de champignons de Paris émincés

1 oignon ciselé

1 c. à soupe d'huile d'olive

40 cl de bouillon de légumes chaud

5 cl de crème fraîche liquide

50 g de parmesan râpé

1. Dans une poêle, fais revenir l'oignon et les champignons dans un peu d'huile d'olive pendant 5 min.
2. Ajoute le riz et fais-le revenir pendant 2 min, jusqu'à ce qu'il devienne translucide.

On appelle cette étape « nacrer le riz ». Eh ouais, on utilise des termes techniques, ici !

3. Verse 1 louche de bouillon chaud et laisse mijoter en remuant régulièrement. Ajoute du bouillon au fur et à mesure que le riz l'absorbe, jusqu'à ce qu'il soit cuit et crémeux, pendant environ 20 min.
4. Incorpore la crème fraîche et beaucoup de parmesan. Assaisonne avec du sel et du poivre.
5. Sers immédiatement, bien chaud et crémeux.

1,75 €
PAR PORTION !

2,20 €
PAR PORTION !

Orzotto chorizo et petits pois

L'ORZOTTO, TU L'AURAS COMPRIS, C'EST UN RISOTTO...
SANS RIZ. AVEC DE L'ORZO DU COUP...

POUR **2 PERSONNES**
PRÉPARATION : **10 MIN**
CUISSON : **22 MIN**

150 g d'orzo (en magasin on en trouve parfois nommé «pâtes avoine». Bref, des pâtes en forme de riz)
100 g de chorizo en rondelles
50 g de petits pois surgelés
1 échalote émincée
1 c. à soupe d'huile d'olive
30 cl de bouillon de légumes chaud
10 cl de crème fraîche
Parmesan (facultatif)

1. Dans une poêle, fais revenir l'échalote et le chorizo dans un peu d'huile d'olive pendant 5 min, jusqu'à ce que le chorizo soit bien doré.
2. Ajoute l'orzo et fais-le revenir pendant 2 min. Verse ensuite 1 louche de bouillon et laisse mijoter en remuant régulièrement. Ajoute du bouillon au fur et à mesure, jusqu'à ce que l'orzo soit cuit, pendant environ 15 min.
3. Incorpore les petits pois surgelés, puis la crème fraîche. Laisse cuire pendant encore 5 min, jusqu'à ce que les petits pois soient tendres. Assaisonne avec du sel et du poivre.
4. Sers bien chaud, avec un peu de parmesan si tu en as.

Parce que tout est meilleur avec du parmesan.

Loaded
potatoes

POUR **2 PERSONNES**
PRÉPARATION : **15 MIN**
CUISSON : **25 MIN**

2 grosses pommes de terre
½ poivron rouge émincé
75 g de crème fraîche épaisse
25 g d'olives noires dénoyautées et tranchées
50 g de fromage râpé (cheddar, emmental ou ce qui te fait kiffer)
½ oignon vert émincé
Sauce Sriracha (facultatif)
Oignon nouveau (facultatif)

1. Fais cuire les pommes de terre dans de l'eau bouillante salée pendant 20 à 25 min. Pour savoir si elles sont bien cuites, plante un couteau au centre : si tu sens que c'est fondant à l'intérieur, c'est bon !
2. Pendant ce temps, fais revenir le poivron dans une poêle avec un peu d'huile d'olive, jusqu'à ce qu'il soit tendre.
3. Une fois les pommes de terre cuites, coupe-les en deux et creuse légèrement l'intérieur pour y mettre la garniture.
4. Mélange la chair retirée avec la crème fraîche, le poivron, les olives, le fromage, l'oignon vert, du sel et du poivre. Remplis les pommes de terre avec ce mélange.
5. Sers chaud, garni d'oignon nouveau et d'un trait de Sriracha si tu le souhaites.

1,75 €
PAR PORTION !

Œufs au plat feta et pesto rosso

LA RECETTE DE FLEMME PAR EXCELLENCE !!
JE ME DEMANDE COMMENT UNE RECETTE
AUSSI SIMPLE PEUT ÊTRE AUSSI BONNE…
Y'A UN TRUC QUI CLOCHE…

1,55 €
PAR PORTION !

POUR **2 PERSONNES**
PRÉPARATION : **5 MIN**
CUISSON : **10 MIN**

4 œufs
80 g de feta émiettée
2 c. à soupe de pesto rosso

1. Dans une poêle bien chaude, dépose la feta et étale le pesto rosso. Fais griller rapidement tout ça, on veut que ça donne une base croustillante à la fin !
2. Une fois grillé, casse les œufs par-dessus. Fais-les cuire jusqu'à ce que le blanc soit pris et le jaune encore coulant.
3. Assaisonne avec un peu de sel et de poivre. Sers avec des tranches de pain grillé ou avec du riz et des légumes pour un repas complet, rapide et pas cher !

DESSERTS TOO MUCH

Pop cakes
sans cuisson

MÊME PAS BESOIN DE FAIRE CUIRE UN GÂTEAU POUR FAIRE DES POP CAKES, UN QUATRE-QUARTS DU COMMERCE FAIT TRÈS BIEN L'AFFAIRE !

POUR **12 POP CAKES (4 PERSONNES)**
PRÉPARATION : **20 MIN**
REPOS : **30 MIN**

200 g de quatre-quarts
100 g de cream cheese ou de pâte à tartiner
150 g de chocolat noir
50 g de noisettes hachées ou de vermicelles colorés
Des bâtonnets pour pop cakes ou des pics en bois

Ce que tu veux pour décorer, quoi…

1. Émiette le quatre-quarts dans un saladier, puis ajoute le cream cheese. Mélange bien jusqu'à obtenir une pâte homogène.
2. Forme des boules de la taille d'une noix avec la pâte et place-les sur une plaque recouverte de papier cuisson.
3. Fais fondre le chocolat au bain-marie ou au micro-ondes. Trempe l'extrémité de chaque bâtonnet dans le chocolat fondu puis enfonce-le dans chaque boule de pâte.
4. Place les boules au réfrigérateur pendant au moins 30 min pour les raffermir.
5. Trempe chaque pop cake dans le chocolat fondu, puis saupoudre immédiatement de noisettes hachées. Laisse durcir le chocolat avant de servir.

0,45 €
PAR POP-CAKE !

1,95 €
PAR PORTION !

Cookie géant Oreo®

À MANGER DIRECTEMENT À MÊME LA POÊLE, QUEL PLAISIR !

POUR **3 PERSONNES**
PRÉPARATION : **10 MIN**
CUISSON : **20 MIN**

8 biscuits Oreo®
(4 émiettés, 4 coupés en deux pour la déco)
120 g de beurre fondu

120 g de sucre
(60 g de sucre blanc, 60 g de cassonade si possible)

2 œufs

160 g de farine

½ c. à café de levure chimique

100 g de chocolat noir concassé

1. Mélange bien le beurre et le sucre. Laisse refroidir un peu, puis ajoute les œufs.
2. Incorpore la farine et la levure, puis mélange jusqu'à obtenir une pâte homogène. Ajoute les morceaux de chocolat et 4 biscuits Oreo® émiettés.
3. Fais cuire à feu doux pendant environ 20 min avec le couvercle, jusqu'à ce que les bords soient dorés mais le centre encore moelleux.
4. Hors du feu, plante les moitiés de biscuit dans le cookie. Laisse refroidir légèrement avant de déguster.

Brioche perdue à la pâte à tartiner

POUR **2 PERSONNES**
PRÉPARATION : **10 MIN**
CUISSON : **10 MIN**

4 tranches épaisses de brioche
Pâte à tartiner
2 œufs
10 cl de lait
25 g de sucre
½ c. à café d'extrait de vanille
Beurre pour la cuisson

1,70 €
PAR PORTION !

1. Dépose 1 grosse cuillère de pâte à tartiner au milieu de 2 tranches de brioche et referme-les comme un sandwich avec les tranches restantes. Mets la dose que tu veux, personne ne saura…
2. Dans un grand bol, bats les œufs avec le lait, le sucre et l'extrait de vanille. Trempes-y chaque sandwich de brioche.
3. Fais chauffer une noix de beurre dans une poêle à feu moyen, puis fais dorer les tranches de brioche des deux côtés.

Si t'es fancy, tu peux servir avec une petite boule de glace vanille.

1,40 €
PAR PORTION !

Cheesecake
aux spéculoos sans cuisson

POUR **6 PERSONNES**
PRÉPARATION : **20 MIN**
RÉFRIGÉRATION : **4 H À 1 NUIT**

300 g de spéculoos en miettes
150 g de beurre fondu
400 g de cream cheese
100 g de sucre
25 cl de crème liquide entière
1 c. à café d'extrait de vanille

P.-S. : POUR ÊTRE SÛR QUE LA CHANTILLY PRENNE, PLACE LE BOL, LE FOUET ET LA CRÈME AU RÉFRIGÉRATEUR QUELQUES HEURES AVANT. ET SI TU N'AS PAS DE FOUET ÉLECTRIQUE, L'HUILE DE COUDE EST TA MEILLEURE AMIE (JE CROIS EN TOI, TU PEUX LE FAIRE).

1. Mélange les spéculoos avec le beurre. Tapisse un plat de 20 cm de diamètre environ avec du papier cuisson et tasse le mélange spéculoos-beurre au fond. Place au réfrigérateur pendant que tu prépares l'appareil à cheesecake.
2. Dans un saladier, fouette le cream cheese avec le sucre et l'extrait de vanille jusqu'à obtenir un mélange lisse et homogène.
3. Monte la crème liquide en chantilly ferme, puis incorpore-la délicatement au mélange précédent à l'aide d'une spatule, en faisant attention de ne pas la casser.
4. Répartis la préparation de cream cheese sur la base de spéculoos dans le moule, en lissant bien le dessus avec une spatule.
5. Place le cheesecake au réfrigérateur au moins 4 h, ou idéalement toute une nuit pour qu'il prenne bien.
6. Démoule délicatement le cheesecake. Tu peux le garnir de quelques miettes de spéculoos pour que ça soit mimi (ou l'attaquer directement comme ça, à la cuillère devant *Desperate Housewives*… ça restera entre nous…).

Fudgy brownie

POUR **2 PERSONNES**
PRÉPARATION : **10 MIN**
CUISSON : **25 MIN**
REPOS : **2 À 3 H (FACULTATIF)**

1,10 €
PAR PORTION !

100 g de chocolat noir
60 g de beurre
40 g de sucre
1 œuf
40 g de farine
1 pincée de sel

1. Fais fondre le chocolat et le beurre à feu doux dans une petite poêle.
2. Hors du feu, ajoute le sucre et mélange bien. Laisse tiédir un peu, puis incorpore l'œuf. Ajoute la farine et le sel, mélange jusqu'à obtenir une pâte homogène.
3. Remets la poêle sur feu très doux et fais cuire pendant environ 20 à 25 min, jusqu'à ce que le brownie soit pris sur les bords mais encore un peu fondant au centre.
4. Tu peux le déguster directement ou le laisser 2 à 3 h au frais, cela donnera une double texture : gâteau en dessous et fudge au-dessus !

Avec une petite pincée de fleur de sel pour moi, s'il vous plaît !

1,25 €
PAR PORTION !

Cinnamon rolls

MERCI LA SUÈDE POUR CE CHEF D'ŒUVRE,
ET ON N'HÉSITE PAS À BLINDER DE CANNELLE !

POUR **4 PERSONNES**
PRÉPARATION : **10 MIN**
CUISSON : **15 MIN**

20 g de beurre fondu
2 c. à soupe de cassonade
1 c. à soupe de cannelle
1 boîte de pâte à croissant ou à brioche
20 g de sucre glace
1 ou 2 c. à café de jus de citron (selon la consistance souhaitée du glaçage)

Ou 2, si tu aimes vraiment la cannelle comme moi.

1. Dans un bol, mélange le beurre, la cassonade et la cannelle.
2. Badigeonne la pâte du mélange précédent, puis roule-la en boudin. Coupe-la en rondelles d'environ 2 cm d'épaisseur.
3. Dispose du papier cuisson dans une poêle, puis déposes-y les cinnamon rolls. Fais cuire pendant environ 15 min avec un couvercle, à feu doux. Surveille la cuisson pour ne pas risquer de brûler le fond !
4. En option, tu peux mélanger du sucre glace avec un peu de jus de citron pour obtenir un petit glaçage express pour badigeonner tes rolls !

Pancakes fourrés à la pâte à tartiner

UN PANCAKE AVEC UN PETIT SECRET… ET QUEL SECRET !

POUR **2 PERSONNES**
PRÉPARATION : **15 MIN**
CUISSON : **10 MIN**

Pâte à tartiner
100 g de farine
½ sachet de levure chimique
1 c. à soupe de sucre
1 œuf
15 cl de lait
Beurre pour la cuisson
Sucre glace (facultatif)

1. Dans un saladier, mélange la farine, la levure et le sucre. Ajoute l'œuf et le lait, puis fouette le tout jusqu'à obtenir une pâte bien lisse.
2. Fais chauffer une poêle avec un peu de beurre à feu moyen. Verse 1 petite louche de pâte pour former un pancake.
3. Dès que des bulles apparaissent à la surface, dépose 1 c. à café de pâte à tartiner au centre et recouvre avec 1 autre petite louche de pâte.
4. Laisse cuire jusqu'à ce que les bords soient dorés, puis retourne le pancake et fais cuire pendant encore 1 à 2 min.
5. Sers les pancakes chauds, avec un peu de sucre glace en déco si tu le souhaites.

Si tu veux te la jouer Cyril Lignac.

0,85 €
PAR PORTION !

0,75 €
PAR PORTION !

Riz au lait
de coco

POUR **4 PERSONNES**
PRÉPARATION : **5 MIN**
CUISSON : **25 MIN**

150 g de riz rond
40 cl de lait de coco
20 cl de lait
50 g de sucre
1 c. à soupe d'extrait de vanille
30 g de noix de coco râpée pour la garniture

1. Rince le riz sous l'eau froide jusqu'à ce que l'eau soit claire.
2. Dans une casserole, mélange le lait de coco et le lait. Ajoute le riz rincé et porte à ébullition.
3. Réduis le feu à doux et laisse mijoter doucement pendant environ 20 min, en remuant de temps en temps pour éviter que le riz ne colle au fond de la casserole.
4. Ajoute le sucre et l'extrait de vanille. Mélange bien et laisse cuire pendant encore 5 min, jusqu'à ce que le riz soit bien tendre et crémeux.
5. Retire la casserole du feu et laisse reposer quelques minutes. Sers le riz au lait de coco tiède ou froid, garni de noix de coco râpée.

Ambiance « sous les tropiques », j'aime bien, c'est sympa !

Mousse au chocolat et croustillant de chocolat blanc

POUR **2 MOUSSES**
PRÉPARATION : **15 MIN**
REPOS : **2 H**

80 g de chocolat noir
2 œufs
1 pincée de sel
20 g de sucre
20 g de chocolat blanc
(+ 1 c. à café d'huile neutre si tu le fais fondre au micro-ondes)
30 g de corn flakes écrasés

1. Fais fondre le chocolat noir au bain-marie ou au micro-ondes et laisse-le tiédir rapidement.
2. Pendant ce temps, sépare les blancs des jaunes d'œufs, puis monte-les en neige ferme avec le sel.
3. Dans un bol, fais blanchir les jaunes d'œufs et le sucre, puis ajoute le chocolat noir fondu et mélange. Incorpore ensuite délicatement les blancs en neige pour obtenir une mousse.
4. Fais fondre le chocolat blanc et mélange-le avec les corn flakes pour créer le croustillant.
5. Dresse la mousse dans des ramequins (ou les vieux pots de yaourt en verre que tu as gardés dans un coin de ta cuisine… on connaît) et ajoute le croustillant de chocolat blanc sur le dessus. Laisse reposer au réfrigérateur pendant au moins 2 h avant de déguster.

1,35 €
PAR MOUSSE !

Brioche rolls à la pâte à tartiner

POUR **2 BRIOCHES**
PRÉPARATION : **10 MIN**
CUISSON : **15 MIN**

1,55 €
PAR BRIOCHE !

1 pâte à brioche ou à croissant
2 à 3 c. à soupe de pâte à tartiner
Quelques noisettes concassées (facultatif)

1. Étale généreusement la pâte à tartiner sur toute la surface de la pâte à brioche. Ajoute des noisettes concassées si tu en as, puis roule-la en boudin et coupe-la en rondelles d'environ 2 cm d'épaisseur.
2. Dispose du papier cuisson dans une poêle, puis déposes-y les rolls. Fais cuire pendant environ 15 min avec un couvercle à feu doux. Surveille la cuisson pour ne pas risquer de brûler le fond !
3. Laisse refroidir légèrement avant de déguster.

Ça passe très bien pour le goûter (ou dans ton lit à 2 h du matin...) ☺

Index des recettes par ingrédients

A

B

M-N

O

T-V

Y

Remerciements

Il y a tellement de monde que je veux remercier, mais je vais essayer de la faire courte et de pas tomber dans un discours à la Miss France !

Merci d'abord à mes proches, qui ont cru au projet avant que même moi j'y croie, et qui ont toujours été cobayes de mes expérimentations culinaires (faites pas genre que ça vous dérangeait !!). From les Confinement Cooking to Willzer Foodz to MON LIVRE, le parcours a été aussi rigolo que ridicule, mais l'essentiel c'est qu'on se soit marrés du début à la fin, ensemble !

Merci aux équipes de Larousse pour cette opportunité folle et l'accompagnement sans faille : Evanne Darchy, Julie Martin et Marion Dellapina, j'ai hâte de vous cuisiner ces recettes que vous m'avez aidé à mettre sur papier !

Merci au duo de choc Séverine Augé, styliste culinaire, et Sarah Mangeret, photographe, pour toutes les photos de ce livre qui sont tout simplement canons. Comme je le disais « c'est fou parce que ça rend vraiment comme ce que je fais… mais en plus pro ! »… Le mec vient de découvrir le concept d'un shooting photo quoi.

Merci à mon agence Lorbac Productions pour l'accompagnement sur des projets qui, comme celui-ci, dépassent le cadre des réseaux sociaux. Et évidemment, petite mention spéciale pour mon agente Camille Pausé, qui bosse plus dur que Kris Jenner ! Mon duo avec Camille c'est peut-être la réconciliation entre l'Île Maurice et la Réunion finalement ?

Et pour finir, merci à toutes les personnes qui suivent ou regardent mes recettes, ou plutôt mes blablas pendant que je cuisine, et qui m'ont permis de réaliser ce projet fou. J'espère pouvoir continuer à partager mes petits plats, astuces et alternatives pour s'en sortir en cuisine sans avoir un gros budget. Merci de m'avoir accordé un peu de votre temps d'écran, c'est grâce à vous tous (même à ceux qui commentent « euh mais comment je fais si j'aime pas les œufs ? » sous une vidéo de recette d'omelette…).

On me dit dans l'oreillette que j'ai pas la place de remercier toute la Terre individuellement, mais je peux essayer :

Alix Maud Aylin
Clémence Élisa Papa
Geneviève Romain
Simon Tamby Lyna
Hugo **merci** Lisa
Chachou Mathilde
Laysa JB Maman
Allan Jelly Nolan
Méganne Mahéna

Direction de la publication: Isabelle Jeuge-Maynart et Ghislaine Stora
Direction éditoriale: Émilie Franc et Julie Martin
Direction artistique : Géraldine Lamy
Édition: Evanne Darchy
Préparation de copie et relecture: Margaux Delaunay
Couverture et conception graphique: Claire Simonet
Mise en page: Hermine Blanquart
Fabrication: Marina Dartigues-Plum

Pour nous contacter: livres-larousse@larousse.fr

Crédits des recettes: © William Seven
Crédits photographiques: © Sarah Mangeret
Stylisme: © Séverine Augé
Crédits des illustrations: © Shutterstock

Les Éditions Larousse utilisent des papiers composés de fibres naturelles, renouvelables, recyclables et fabriquées à partir de bois issus de forêts qui adoptent un système d'aménagement durable. En outre, les Éditions Larousse attendent de leurs fournisseurs de papier qu'ils s'inscrivent dans une démarche de certification environnementale reconnue.

21 rue du Montparnasse
75006 Paris
ISBN: 978-2-03-607695-2

Photogravure: Chromostyle
Imprimé en Espagne par Macrolibros
Dépôt légal: janvier 2025
337840/01 - 11056804 – novembre 2024

PAPIER À BASE DE FIBRES CERTIFIÉES

LAROUSSE s'engage pour l'environnement en réduisant l'empreinte carbone de ses livres. Celle de cet exemplaire est de :
1,1 kg éq. CO_2
Rendez-vous sur www.larousse-durable.fr